I Love my Sister
Yo quiero a mi hermana

Crystal Arroyo
M.A. CCC-SLP

This book is dedicated to my
beautiful daughters and handsome husband.

Este libro está dedicado a mis dos hermosas hijas y a mi
guapo esposo.

Hermanita Books
www.hermanitabooks.org

I love my sister.
Whenever I think of her,
I think of all the reasons
why I love her.

Yo quiero a mi hermana.
Cuando pienso en ella, pienso
en todas las razones por las
que la quiero.

I love my sister
because we hug.

Yo quiero a mi
hermana porque
nos abrazamos.

I love my sister
because we run
outside.

Yo quiero a mi hermana
porque corremos
afuera.

I love my sister
because we eat peanut
butter
and jelly sandwiches.

Yo quiero a mi hermana
porque comemos
sándwiches de crema de
cacahuate con mermelada.

I love my sister
because we dress
like dinosaurs.

Yo quiero a mi
hermana porque nos
vestimos como
dinosaurios.

I love my sister
because we take
bubble baths.

Yo quiero a mi hermana
porque tomamos baños
con burbujas.

I love my sister
because we
drink smoothies.

Yo quiero a mi
hermana porque
bebemos licuados.

I love my sister
because we
build sandcastles.

Yo quiero a mi hermana
porque construimos
castillos de arena.

I love my sister
because we
brush our teeth.

Yo quiero a mi hermana
porque nos
lavamos los dientes.

I love my sister
because we read books.

Yo quiero a mi hermana
porque leemos libros.

I love my sister
because we laugh.

Yo quiero a mi hermana
porque nos reímos.

I love my sister
always.

Yo quiero a mi hermana
siempre.